LE
POT AUX ROSES DES EXPOSITIONS

PAR LUCIEN PANCROKE,

AUTEUR DE L'HISTOIRE DE PICHROCOLE.

Se vend chez les principaux libraires de Toulouse, au prix de   **50 c.**
Par souscription chez les mêmes. . . . .   **25 c.**

> Le moyen d'être juste,
> c'est d'être éclairé.

Le peintre Gros, avant de s'abandonner au désespoir et de se livrer au suicide, disait, avec une certaine apparence de raison, en regardant la foule qui passait sous sa fenêtre, et en lui crachant dessus : *Je me moque de toi, public! tu n'es qu'une grosse bête.*

Gros aurait dû ajouter, pour être dans le vrai : Tu ne juges pas assez par toi-même, pauvre public! Tu t'en rapportes trop au dire des prétendus juges compétents qu sont mes rivaux et mes jaloux, ou leurs camarades et complices. J'appelle de leur sentence à la tienne propre, ô bon public! Compare nos œuvres et juge-nous toi-même, chacun selon ses mérites.

La postérité ne se trompe pas. Donc le public n'est pas si *grosse bête.*

L'instinct du peuple est toujours infaillible; mais lorsqu'Aristote et sa docte cabale se sont une fois emparés de l'esprit public et de la raison humaine, il faut des siècles à l'humanité pour revenir de ses erreurs et guérir de ses préjugés. Les préventions du peuple, quoique mobiles, sont promptes à se former et longues à disparaître. Souvent une et deux générations n'y suffisent pas. Mais lorsque les œuvres demeurent et que la comparaison peut

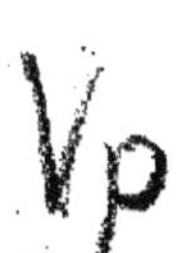

s'établir, la postérité rend justice. La raison finit par avoir raison. La cabale est morte de dépit et de rage, mais le vrai talent est aussi mort de faim.

Le feuilleton et le journalisme remplacent aujourd'hui la cabale d'Aristote. Mais cette cabale n'est pas docte comme l'ancienne. Pour être docte il faut avoir appris. La cabale moderne n'a rien à apprendre ; il lui suffit de ne rien savoir. La cabale s'empare et du haut et du bas du journal, et tout est dit. Elle est *l'opinion, cette souveraine du monde.* Le public est *la grosse bête ;* il est tenu de penser comme le journal et la cabale, sous peine d'être reconnu et déclaré *stupide.* Il ne lui est pas permis d'avoir une opinion à lui tout seul.

Et le public, *bête aussi bonne que grosse,* finit par se laisser persuader qu'il n'y entend rien du tout. Il est naturellement badaud et paresseux. Il aime à se laisser imposer le joug des opinions et des croyances toutes faites. Ce qui est fait n'est pas à faire. Ainsi les jeunes rapins et les jeunes bacheliers de la cabale traitent impunément de *polissons* les grands peintres et les grands poètes des grands siècles. Qu'ont été les anciens de plus que nous, disent-ils? Ils ont eu l'avantage d'arriver plus tôt, voilà tout. Leur gloire n'est qu'erreur, fumée et vanité. Le réalisme, le *quibus,* l'écu sont tout.

Il y a bien un peu de vrai dans tout cela. On ne vit pas d'images, d'amour, ni d'eau claire ; mais que les petits rapins et les petits bacheliers veuillent bien me permettre de leur adresser une petite observation. Les grands peintres et les grands poètes des grands siècles ne furent pas sans doute reconnus et déclarés grands au sortir de la nourrice ou de l'école. Je me suis même laissé dire que plusieurs d'entr'eux n'ont été reconnus grands qu'après leur mort, tant la cabale est injuste! Tant est ingrat le public contemporain! Que nos petits jeunes gens veuillent donc bien attendre, eux aussi, le jugement de la postérité sur leurs œuvres et sur leurs sentences. Ils ne prononcent pas, Dieu merci, en dernier ressort.

La cabale de la pire espèce est celle de la camaraderie de l'école, de la boutique, de l'estaminet ou du salon, et surtout celle de la camaraderie de l'intrigue et du vice. Rien ne résiste à celle-ci. — Aucune réputation, aucun mérite ne tiennent devant elle. Le renom est avili, le mérite vilipendé, la médiocrité portée au pinacle ; l'impuissance et l'imbécilité sont élevées au-dessus des nuages. Tout ce qui est vaporeux et incompris est sublime.

Je conseille donc au public qui écoute parler la cabale sur les choses exposées à son jugement de prendre toujours le contre-pied de ce que la cabale dit et prononce ; il sera dans le vrai.

Mais à quoi, dira-t-on, peut-on reconnaître le langage ou le parler de la cabale ? Rien de plus aisé à reconnaître. La cabale ne doute de rien ; elle tranche et brode sur tous les draps et sur toutes les coutures ; elle est sœur, cousine, ou camarade de lit de l'exposant qu'elle ensence, ou elle a reçu un coup de pied de celui qu'elle critique et qu'elle traîne dans la boue ; elle est affiliée à une intrigue. Informez-vous d'elle quand elle parle. Sachez qui elle est, à quelle société anonyme ou en nom collectif elle est associée, et vous pourrez alors lui dire à coup sûr : Vous êtes orfèvre *madame Josse !* Votre métier n'est pas de buriner la gloire.

La querelle *interminable* des dessinateurs et des coloristes est *terminée* depuis longtemps. Apprenez cela, belle jeunesse ! Ne perdez pas votre temps à discuter là-dessus. Laissez à chacun son mérite. — Le dessin a le pas sur la couleur, mais il n'est pas dispensé d'en faire usage. La couleur peut encore moins se dispenser du dessin, et si elle le méprise ou le néglige elle tombe dans le fantastique et le ridicule. Le sublime n'est jamais ridicule ni fantastique. — Il est à la hauteur des vulgaires humains ; il n'est ni au-dessus ni au-dessous de la portée de vue et d'intelligence du vulgaire ignoble (*ignobile vulgus*). Il n'y a pas de génie incompris. Le génie est comme le chêne ; sa tête est voisine du ciel et ses pieds touchent aux enfers. L'imagination elle-même, toute folle qu'elle est, demande à être réglée.

J'aime à voir, moi aussi, et je m'amuse à examiner dans les veines d'un nœud de bois bien poli les jeux naïfs de la nature et les images les plus bizarres. Assis sur un rocher de la mer, j'aime à contempler les assauts de la tempête et la bataille de géants que se livrent les nuages. — Don Quichotte lui-même et ses combats et ses amours m'apparaissent dans ces visions. — Que me reste-t-il ensuite de ce spectacle chimérique et fugitif? Une paille que le vent chasse bien loin, une ombre qui s'évanouit, un souvenir fragile qui va se perdre dans l'oubli.

Le sublime est le beau, est le vrai défini, *le contour dessiné. Rien n'est beau que le vrai, le vrai seul est aimable.*

La querelle du dessin et de la couleur est donc depuis longtemps jugée.

Le vulgaire ne se trompe donc pas lorsqu'il juge par lui-même. — Il voit, il sent, il rit, il pleure, il admire. — Ce qui est beau est beau, il ne sait pas pourquoi. — Que lui importe? A-t-il besoin de le savoir? D'être peintre, poète, avocat, sophiste ou rhéteur? Cela lui plait parce que cela lui plait, et cette raison-là lui suffit; elle en vaut bien une autre, fut-elle meilleure. Tous les genres sont bons hors le genre ennuyeux. — Le vulgaire est souverain. Quand il baille, tout baille : quand il rit tout rit; *car tel est son bon plaisir.*

Quand donc le vulgaire est averti et se tient en garde, il se laisse rarement prendre aux piéges dressés aux dupes par ceux qui ont intérêt à tromper et qui se sont ligués pour cela faire. — La mêche de la cabale est éventée: ce n'est donc pas *la grosse bête, le monstre furieux* sorti de *l'onde humide* ou du feu de l'enfer, qui a troublé et épouvanté l'esprit et le cœur de Gros et de Nourrit. — C'est la cabale, l'affreuse, la hideuse cabale qui a précipité le malheureux peintre dans les flots de la Seine et l'infortuné chanteur du haut d'un hôtel de Naples sur le pavé de la cour.

Public! méfie-toi donc toujours de la cabale; prends le contre-pied de ce qu'elle dit, et ne t'en rapporte désormais qu'à ton propre jugement. — Ne sois pas le complice de ses crimes; ne sois pas méchant et inexorable comme elle, et n'assomme pas brutalement ses victimes.

Car l'instinct du peuple est infaillible en toutes choses.

Dans un grand bal paré-masqué d'un grand théâtre de province, un chaudronnier de Saint-Flour, accoudé aux secondes loges pour jouir du point de vue, voit entrer dans la salle du bal un majestueux prince persan, suivi d'une cour et d'une escorte nombreuse en costumes brillants, somptueux, magnifiques. — Frappé d'admiration, il demande à son voisin ce que c'est. — Le voisin lui dit, sans malice : C'est un *prince persan suivi de sa cour.* — Il ne croit pas nécessaire à raison du lieu où il se trouvait, de l'avertir que c'est une *mascarade.* — Le chaudronnier prend le mot et la chose au sérieux, il prend la balle au bond. Il descend les degrés de quatre en quatre : il s'ouvre un passage dans la foule, arrive à côté du prince, le suit, le regarde, l'admire de plus près avec des yeux ébahis. Le prince arrivé au bout de la salle *fait demi-tour* pour revenir sur ses pas et se trouve en face du chaudronnier.— Celui-ci ébahi de plus en plus croit que le prince le regarde, qu'il a *daigné faire* attention à lui, et il se précipite à ses pieds. — Le prince, en bon prince qu'il est, lui donne sa main à baiser. — Le chaudronnier la prend, la baise, la rebaise, la sent, la *resent :* et soudain il se relève, se dresse sur ses pieds et toisant le prince de haut en bas : un prince toi ! Fihchtra ! Tu dis que tu es un prince, toi ? Tu es un *savetier,* Fihchtra ! Tes mains sentent le cuir !

Le chaudronnier de Saint-Flour ne s'était pas trompé de beaucoup. — Le prince persan était un riche tanneur, d'Annonay (Ardèche) mettant lui-même la main à l'œuvre dans sa fabrique. — Le prince donc, se croyant démasqué par cette apostrophe brusque et inattendue, redevient aussitôt tanneur et tombe à coups de poings sur le chaudronnier. — La boxe s'engage entre les deux champions, jurant chacun en son patois, l'un en vivarais, l'autre en auvergnat.

Cette scène comique montre clairement que l'instinct de l'homme du peuple ne se trompe guère. — La distance du savetier au mégissier n'est pas aussi grande que celle du mégissier au prince persan. — Quant à moi, les hommes sont des hommes et je ne vois entr'eux d'autres différences que celles du costume et du mérite personnel.

Le patronage et l'encouragement, le jury trié et le dispensateur de médailles, de diplômes et de récompenses ne sont pas, de bien s'en faut, aussi sûrs de leurs jugements que l'instinct du peuple l'est du sien. — Ils sont presque toujours les dupes ou les complices de la cabale, de l'intrigue ou de la camaraderie du vice. — Car le vice et l'intrigue sont de l'opinion du jour. — Si l'opinion change, ils changent eux aussi. — Un demi-tour de conversion à gauche ou à droite est bientôt fait. — Ils suivent l'opinion; souvent même ils la devancent; la tête et la queue de l'intrigue se prêtent la main, donnent le branle au vertige et entraînent tout dans le tourbillon. — Aucun mérite ne se fait jour s'il n'est affilié à cette intrigue, à cette *influence secrète*.

A quarante ans un ouvrier sans études, mais heureusement doué par la nature, voyant que le métier ne va pas, laisse l'outil. — Il prend la plume, se fait homme de lettres, et entre résolument dans la cabale du journalisme. Il se fait le complaisant de cette république cabalistique et le fournisseur de ses plaisirs. — Le voilà, par des liens secrets, devenu camarade, compère et compagnon des lettrés et des artistes en titre et en renom. — Il se croit déjà maître ès-jeux, maître ès-ciences, maître ès-arts.

A cinquante ans il ose encore d'avantage; il ose se dire: *Et moi aussi je suis peintre!* — La vocation se déclare à la vérité un peu tard. Mieux vaut tard que jamais. Ce peintre improvisé n'a jamais, de sa vie, touché ni crayon, ni pinceau; il n'a étudié ni la ronde-bosse, ni la nature: il n'a jamais dessiné une oreille, un nez ou un œil. — N'importe! Il est peintre. — La fortune aime les audacieux; la camaraderie et la cabale le soutiennent dans cette prétention. — A force de le vouloir persuader aux autres, il finit par se persuader à lui-même qu'il est peintre. — Il est peintre, il le dit; la cabale le dit; le public, *la grosse bête*, finit par le croire et par le dire. Le patronage, l'encouragement, le jury, le dispensateur des récompenses finissent, eux aussi, par le croire, ou par faire semblant de le croire, et ils le redisent. — Chacun chante et répète à l'envi la louange du peintre improvisé. Il aura la médaille d'or de première classe.—C'est justice.—L'ouvrier est peintre; le peintre improvisé est grand peintre; l'homme d'inspiration et de génie n'a pas besoin d'étudier, ma foi! Il a la science infuse; il a la vogue. Messieurs de la coulisse du théâtre et de la bourse, messieurs de la cour, messieurs de la ville, messieurs du patronage et de l'encouragement, monsieur l'Archonte et monsieur le Directeur des beaux-arts veulent avoir de lui tableaux et portraits. Ils les ont, ils les paient, ils ne se plaignent pas; la cabale

leur impose silence ; il faut d'ailleurs que chacun s'y at-
trape et que les portraits et les tableaux du peintre-ou-
vrier aillent enfin décorer. . . . . . . les galetas.

En attendant, aux favoris de l'intrigue reviennent les
louanges, les encouragements, les commandes et le profit ; aux vrais artistes le chômage, le découragement, la
misère, le désespoir, le suicide. — Ombres de Gros et de
Nourrit apparaissez donc devant le jury ! Imposez silence
à la claque !

Voilà les fruits de la cabale. Nul n'aura du talent que
nous et nos amis.

Souvent la presse joue dans les expositions un rôle in-
fâme et honteux. A côté de la cabale du vice s'élève la cabale dévote. Celle-ci est moins honteuse sans doute ; mais
elle est plus hypocrite ; elle n'a pas l'audace du vice, elle vous
tue par des réticences ; mais une chose plus honteuse encore que tout cela c'est la ligue de ces deux cabales, se ren-
dant l'une à l'autre des services complaisants par de mu-
tuelles concessions. — *Grate-moi, je te graterai.* — *Incedo per
ignes.* Je marche, je le sais, sur des charbons ardents. Je
sais combien est grand le danger d'avoir raison. Mais si
je suis ami de Platon, je suis encore plus ami de la vérité.

Dans son numéro 92 du 30 décembre 1855, le *Figaro* a
donné un précieux modèle de juste, bonne et saine critique.
On ne peut rien lire de plus judicieux, de plus plaisant et
de plus spirituel à la fois. Les feuilletonistes de bonne foi
(je ne prétends pas qu'il n'y en ait point, mais il en est
peu d'assez courageux pour oser rompre en visière avec la
cabale) ; les feuilletonistes de bonne foi devraient prendre
exemple sur cet article du *Figaro.*

Si j'étais peintre et grand peintre, je m'estimerais heureux d'être critiqué par un censeur de cette force. Un
peintre vulgaire ne met pas la critique en dépense de tant
de talent et de tant d'esprit. L'article du *Figaro* est inti-
tulé : *Ingres, peintre et martyr.* Qu'on lise cet article, qu'on
le relise. Je n'en dirai pas un mot de plus ; je craindrais
d'en affaiblir l'expression et l'effet. En lisant un tel article,
le peintre ainsi critiqué, s'il a un peu d'esprit et un carac-
tère passable, est obligé de rire de ses défauts, de ses travers et de lui-même. Il ne va pas se jeter dans la Seine
comme le malheureux Gros, ni sur le pavé de la cour comme

l'infortuné Nourrit ; il n'est pas condamné comme tant d'autres peintres et artistes de talent, mais obscurs, réduits par les injustices de la critique au découragement et à la misère. Il n'est pas, dis-je, condamné comme eux à s'abandonner au désespoir et à la même extrémité ; tandis que la médiocrité insolente et l'impuissance audacieuse lèvent la tête et tiennent le haut du pavé dans la république des beaux-arts.

Ce que j'ai dit des beaux arts s'applique à tout. Les sciences, les lettres, le théâtre, le commerce, l'industrie, la paix, la guerre ont leur intrigue, leur cabale, leur claque, leurs chevaliers du lustre. — Malheur à ceux qui s'exposent au jugement d'un jury et du public et qui ne savent pas se faufiler dans l'intrigue !

Voilà mon dernier avis à la *grosse bête* de l'illustre peintre et baron Gros.

Des beaux-arts passons au travail et à l'industrie.

Il y a dix ou quinze ans, un ouvrier exposa un morceau de cuir, adapté à un morceau de bois au moyen d'un morceau de fer. Le tout valait dix sous et s'appelait un *piston*. Mais ce piston coutait quatre fois moins que les pistons connus et usités jusques alors, et il valait cent fois plus.

Cet ouvrier s'était dit : avec une *idée* de deux sous, une exposition et un brevet d'invention, tels et tels sont devenus millionnaires. Avec mon idée de dix sous, exposée et soumise au jury, je vais certainement avoir du pain cuit pour le reste de mes jours. — Personne ne fit attention à ce piston, ni la cabale, ni le journalisme, ni le jury d'encouragement, ni la médaille, ni le brevet d'invention. — Mais *l'argus de la grosse bête*, le public, aperçut le mince objet du coin de l'œil : Tiens ! Tiens ! dit le mécanicien au fabricant de pompes, voilà un *drôle de piston !* Il est simple comme bonjour ; et dire que toi, ni moi, ton père, ni le mien, ni nos grands pères, qui avons tous fait tant de pistons dans le courant de notre vie, n'ayons pas su nous servir de celui-là ! — Il tombe du ciel dans le domaine public comme la brouette de Pascal, dit un officier du génie ; je suis tout étonné, moi, de ne l'avoir pas découvert avant d'entrer à l'école.

L'inventeur de ce piston gagnait à Paris, dans sa jeunesse, lorsque l'ouvrier était artiste, quinze francs par jour, rien qu'à mener la lime et à manier le marteau. Devenu vieux aujourd'hui, il serait déjà mort de faim si le père Lacordaire, qui se connaît en hommes, en intelligences et en misères humaines, et qui ne porte pas de bottes, n'eut pris cet ouvrier dans sa maison pour l'employer à cirer ses bottes. Il en a fait un sous-économe et un sous-maître. Il lui fait tenir les tenailles dans la forge de son institution de Sorèze.

Est-ce la faute du public ou celle du jury d'encouragement, si le pauvre ouvrier, ignoré, méconnu, spolié de sa découverte par l'avidité de la spéculation et par la concurrence de la fabrique a été ainsi réduit à la misère? Est-ce la faute du public si, en voyant son invention généralement appliquée, ce pauvre ouvrier s'écrie aujourd'hui avec une amère tristesse : et voilà pourtant *mon piston* ! Grâce à l'exposition et au jury d'encouragement il appartient maintenant à tout le monde !

Sic vos non vobis. — *Ab uno disce omnes.* Il en est de même de tous les ouvriers exposants, si un jury compétent et consciencieux ne s'occupe pas lui-même de rechercher le mérite des œuvres et des découvertes. — Puisse cet avertissement être utile à ceux qui nomment les membres du jury et à ceux qui acceptent le mandat et la charge d'être justes appréciateurs.

Les inventeurs du timbre poste, des boîtes supplémentaires, et de l'avis portant sur ces boîtes indication des heures de départ et d'arrivée des courriers, et bien d'autres inventeurs encore, réclament vainement une indemnité pour leurs brevets d'invention. — L'inventeur du bec de quinquet, Argant, a fait la fortune de ceux qui révolutionnèrent l'éclairage et qui laissèrent mourir l'inventeur à l'hôpital. On ne connaissait avant lui que la lampe à niveau (*le calel*) et la lampe à pompe. Le lampiste Quinquet eut l'honneur de la découverte d'Argant et le bonheur de l'exploiter le premier à son profit. — Le célèbre Jacquard serait mort à l'hôpital, lui aussi, comme Argant, si Napoléon 1er, qui savait chercher et *déterrer* le génie et le mérite, que l'intrigue tient toujours cachés ou à l'écart, n'eut découvert lui-même le pauvre *canut*, méconnu dans son ingrate patrie, perdu au milieu de la foule des ouvriers de l'opulente fabrique lyonnaise, et ne l'eut mandé devant lui pour décorer ses haillons publiquement et de sa main, pour le pensionner et le mettre ainsi au-dessus des besoins et de la misère.

Le peuple veut que l'Empereur ait su toujours et partout distinguer le mérite et l'aller chercher. Ce récit, d'après la tradition populaire, n'est pas d'accord avec le fait historique. Jacquard ne fut décoré qu'en 1818. Il est vrai néanmoins que dès le début de son règne, Napoléon assura à Jacquard, par un décret impérial, une pension de 3,000 francs, et qu'à l'un de ses passages à Lyon il manifesta un vif déplaisir de ce qu'on n'avait pas songé à lui présenter le modeste et utile inventeur. On a pu dès-lors supposer que l'Empereur avait l'intention de le décorer de sa main ; et pour le peuple, intention supposée et fait accompli ne font qu'un.

Les inventeurs haut placés, ou de haut soutenus, et ceux qui sont poussés par la cabale sont donc les seuls assurés de faire fortune.

Un savonnier de Savonne vint un jour s'établir à Marseille ; c'était un savonnier *primitif.* Il n'avait pas inventé le savon dont les pêcheurs de son endroit durent la découverte au hasard, ce grand inventeur : il avait encore moins trouvé le secret de faire du savon avec n'importe quoi comme les savonniers chimistes de nos jours. Mais il voulait améliorer la fabrication du savon et contraindre par la concurence la fabrique Marseillaise à faire bon et à bon marché ; ce savonnier s'appelait Méliori.

Méliori s'était dit : *voyons voir ; imaginons d'imaginer un moyen de moyenner* quelque chose, pour me faire ici, dans cette *vieille Phocée,* une bonne, prompte et honorable fortune. La foi grecque est connue dans le monde entier ; celle des *Phocéens* l'est aussi — Méliori donc s'était dit : *moyennons un moyen.* (Un italien de Savonne n'est pas tenu de parler un meilleur français que les *Phocéens* et que la plupart d'entre nous). — *Voyons voir* — La fabrique de Marseille livre au commerce intérieur et extérieur des masses de savon blanc, détestable, dont personne ne veut sur le lieu de production — On lui préfère le savon bleu. Ces savons blancs puent le suif, l'oléine, le lin, je ne sais quoi; ils contiennent 20, 30, 40, 50 pour cent d'addition d'eau; ils infectent le linge et les armoires. — Or, si je fabrique, moi, du savon pur, avec huile, soude et potasse, toutes *pures*, comme notre vieux savon *primitif;* si je livre 100 pour 100 de savon au lieu de 60 comme font les autres; si je donne le bon savon au même prix que le mauvais, je m'empare, à moi tout seul, de la consommation; ma fortune est faite, j'enfonce d'un seul et même coup la vieille *Phocée* et sa fabrique. — En effet, je veux qu'en ouvrant son armoire, la ménagère sente une odeur de lessive, de myrthe, de rose et de serpolet; je veux que la petite maîtresse demande de mon savon pour sa toilette. Où est la concurrence qui pourra résister à celle de la bonne foi? En voilà une idée juste! Une belle invention, j'espère! Si avec *cette idéelà* je ne *moyenne* pas ma fortune, c'est une affaire finie, il faut lever l'échelle.

Méliori donc exposa; il eut l'audace d'exposer dans Marseille même son savon, *un véritable savon;* et il ne demandait pas un *brevet d'invention* (tout Marseille lui aurait ri au nez), mais une simple *médaille d'encouragement* que le commerce honnête, le public et l'autorité elle-même devaient désirer lui voir décerner avec empressement, dans l'intérêt de la bonne foi, de l'économie domestique et de l'hygiène publique.

A Marseille, comme partout, il y a des membres-nés, des présidents-nés de toutes les commissions de jury d'exposition. — L'apothicaire Philon était le président-né de la commission des produits chimiques; il était *l'Orfila* de l'endroit. — M. Philon passa tout le temps de l'exposition aux eaux d'Aix, en Savoie, avec sa famille, et il arriva juste à point pour présider sa commission, le jour des récompenses à décerner en assemblée générale du jury. — Or voici ce qui s'était passé en son absence.

La commission des produits chimiques s'était souvent réunie en l'absence de son président; elle avait examiné avec attention le savon de Méliori; elle l'avait comparé à celui des concurrents dans l'exposition et en dehors de l'exposition; elle avait analysé les uns et les autres, et ayant reconnu parfaitement fondées l'idée et la demande de Méliori, la commission, dans son rapport, avait pro-

posé *à l'unanimité*, la *médaille d'argent à titre d'encouragement*, en faveur de Méliori.

Toutes les commissions réunies pour statuer sur les propositions de chaque commission particulière, décidèrent
aussi *à l'unanimité* que la proposition de médaille d'argent en faveur de Méliori serait, dans le rapport réuni,
appuyée par elles dans l'assemblée générale du jury d'exposition.

Le jour de l'assemblée générale arriva, et avec lui l'apothicaire Philon pour présider sa section des produits chimiques. — L'assemblée, sur les conclusions du rapport, allait encore, *à l'unanimité,* décerner la *médaille d'argent* à
Méliori, lorsque le président Philon demanda la parole et
se leva :

Messieurs, dit-il, le rapport ne doit pas nous faire prendre des vessies pour des lanternes. — Nous savons tous
que le savon blanc peut absorber jusqu'à 60 pour cent
d'eau, et qu'on peut le faire sans eau, et que le bleu pâle
ne peut pas supporter cette fraude. — M. Méliori ne nous
apprend rien de nouveau, et je ne pense pas que vous lui
décerniez un *brevet d'invention* pour la découverte de son
savon *primitif.* Son savon est tout *bonnement* du savon
tout pur, et il n'est pas dans Marseille de savonnier qui
ne sache et ne puisse en faire autant que lui, *s'il le veut.*
— Je demande le rejet pur et simple des conclusions de
ce rapport.

M. Besson, négociant et *royaliste* (c'était l'opinion du
jour, car il y avait alors un roi), se leva aussitôt : Messieurs, dit-il, je n'ai pas l'honneur d'être chimiste, ni mem-
bre de la commission des produits chimiques, mais j'assis-
tais à l'assemblée de toutes les commissions réunies, et je
fus témoin qu'après la lecture du rapport adopté *à l'unanimité* par la commission des produits chimiques, notre
assemblée fut *unanime* aussi pour adopter ces mêmes conclusions, en l'absence, il est vrai, de l'honorable président
Philon. — Il ne s'agissait pas d'un *brevet d'invention* pour
M. Méliori, que je ne connais pas; mais d'une *médaille
d'argent* à lui décerner à titre *d'encouragement* et afin d'en-
courager aussi le commerce honnête de notre ville à imi-
ter sa bonne foi. — Il est de notre honneur de maintenir
les conclusions du rapport.

M. l'apothicaire président, qui *est royaliste, lui aussi, et juste-milieu*, comme de raison, mais qui se fait ou se laisse réclamer par toutes les opinions et par tous les partis, persiste dans sa proposition de rejet.

M. Besson — Pourquoi?

M. Philon — Parce que!

M. Besson — Si vous n'avez pas de meilleure raison à donner, vous me permettrez jusqu'à preuve contraire, de soutenir les conclusions de votre rapporteur.

M. Philon — Je ne la puis pas dire, cette raison meilleure, ... devant tout le monde.

M. le Maire, président de l'assemblée générale. — M. Besson a raison. Le jury ne doit se prononcer qu'avec pleine connaissance de cause.

M. Philon — Puisque vous l'exigez, je vais vous la dire, cette raison meilleure. — Sachez donc que le marchand d'huile Garibaldi, frère du capitaine génois, est venu me recommander, non pas me recommander précisément, mais me prier d'examiner avec attention et en *conscience*, le savon de Méliori et sa demande.

M. Besson — Et c'est pour cela que vous avez passé tout le temps de l'exposition aux bains de Savoie? Aviez-vous du moins emporté du savon de Méliori pour l'expérimenter sur vous et les vôtres? En aviez-vous fait la comparaison avec les autres? En aviez-vous fait l'analyse avec attention et en conscience? Pour moi, je ne vois guère ce que le marchand d'huile, ni le capitaine génois ont à démêler avec le mérite de ce savon.

M. Philon — Vous ne le voyez-pas! c'est que si Garibaldi m'a parlé, il a un intérêt dans la fabrique, et que probablement aussi Méliori n'est que son prête nom.

M. Besson — Et quand cela serait. Nous n'avons à considérer, nous, que le mérite du savon, l'intérêt public, l'intérêt commercial, et l'intérêt de nos ménagères — Je ne comprends pas ce que Garibaldi et son frère ont à démêler dans cette question et dans la décision qui nous concerne.

M. Philon — Vous ne le comprenez pas? Garibaldi là-dedans ou là-dessous? Nous allons vous le faire comprendre. Mettez aux voix; attention!

Un épicier. — Vous dites que Garibaldi est là-dedans!

1..

M. Philon — Oui.

L'épicier — connu.

Aux voix, la demande de *médaille d'argent* en faveur de Méliori fut rejetée à *l'unanimité* moins une voix, celle du négociant *royaliste*, M. Besson; la commission des chimistes et son rapporteur lui-même abandonnèrent leurs expériences, leurs conclusions et leur rapport, et votèrent contre.

M. Besson — Vous êtes, messieurs les chimistes, aussi logiciens qu'honnêtes et consciencieux; je sais, moi, que les Garibaldi n'ont aucun intérêt dans cette fabrique, par la bonne raison qu'ils n'ont pas le sou. Ils sont démocrates; et sur un simple soupçon, sur un avis jeté en l'air, vous privez un honnête industriel d'une récompense justement méritée, le commerce et le public d'une utile et loyale concurrence!

Depuis lors, quand Méliori passe à côté du président des chimistes, dans les rues de Marseille, il le fait passer du blême au rouge, et du rouge au violet, sans autre réactif que ces mots : Polisson! Polisson! Garibaldi sait tout : Va! On n'est jamais trahi que par les siens, dit-il. Si jamais ce polisson de Philon s'avise de remettre le nez dans notre club à Gênes, je veux lui donner sur le . . . *coram populo*, et lui couper les deux oreilles.

Dans la haute industrie, c'est encore autre chose, et c'est pourtant la même chose : les gros bonnets de l'ordre sont tous présidents-nés ou membres-nés du jury d'encouragement. Ils cherchent dans l'exposition les *idées* qui valent la peine d'être exploitées en grand; ils écoutent les propositions, et ils patronnent les exposants qui leur offrent le plus de chances favorables et le plus d'avantages réels. Ils décernent à l'inventeur le brevet, la médaille, le joujou, et ils réservent pour eux tout le profit de *l'idée;* ils s'entendent comme s'entendent en foire les petits chevaliers de l'industrie; ils exploitent *l'idée* et la mine, *la tire et le bonjour.* Si la spéculation est bonne et réussit, ils la gardent pour eux; ils n'ont pas besoin de l'argent des autres. Si elle est mauvaise, c'est-à-dire si elle ne rapporte pas au moins 100 pour 100, ils mettent *l'idée* en société par actions. Ils retirent leurs épingles du jeu, c'est-à-dire huit ou dix fois le capital engagé, et ils laissent aux actionnaires et aux niais le soin et le souci de se débrouiller, eux et l'idée, comme ils pourront. *L'idée* n'était pas claire; ils ont bu le clair de la limonade et du vin, pressé le citron et jeté l'écorce, pressé le raisin et laissé le marc à ceux qui savent se contenter de la piquette: encore n'a pas toujours de piquette qui veut.

La haute industrie a un coffre-fort et une grosse caisse, de l'argent et un journal. Un charlatan muet qui ne remue pas l'or avec une pelle dans sa cassette, devant le public, n'a rien de mieux à faire que d'aller se coucher. Il n'y a pas au monde un sot assez sot pour aller se faire démantibuler par lui la machoire en plein soleil. On n'achette pas la *panacée universelle* à un homme qui n'a pas le sou. S'il avait la véritable *panacée*, dit-on, il serait riche.

Faut-il conclure de ceci que les expositions sont inutiles ou nuisibles? Non, sans doute. Il faut toujours ouvrir les barrières, agrandir les carrières, cultiver et féconder le champ des idées. Une idée saine, semée ou tombée dans le domaine public, ne se perd pas. Cette graine prend toujours racine, et fructifie dans ce champ fertile. Mais il ne faut pas dire, ni laisser dire à ceux qui ont semé pour les autres : tant pis pour vous! La société ne vous doit ni indemnité, ni protection. — On ne va pas à l'exposition, ni à la foire pour se laisser ou se faire voler.

Toujours est-il que le public et l'autorité doivent veiller avec une constante sollicitude aux intérêts des ayants-droit, et empêcher que le champ de l'exposition ne devienne une forêt de Bondy où les honnêtes gens ne puissent pas s'engager sans précaution ; sans s'être armés de pied en cap. C'est toujours dans la foule amassée par les parades, la musique et les grosses caisses que se tiennent les filous. La police et l'autorité doivent donc toujours se tenir par là pour veiller et pour surveiller.

Et toi sourtout, débonnaire public! Ouvre tes yeux et tes oreilles! Tiens toujours tes mains dans tes poches, et méfie-toi soigneusement des lampions et des lanternes de la cabale des journaux, et des *flambeaux* de l'industrie. Rien n'éclaire comme le soleil.

Le 16 avril, avant l'Exposition de 1858.

SUITE DU POT AUX ROSES.

Première lettre de Lucien Pancroke, du 23 mars 1861, à son ami Boniface Pancrace, au sujet de l'Exposition des œuvres d'art, qui doit s'ouvrir, à Toulouse, le 15 avril prochain, sous le patronage de l'Union artistique.

Mon cher Pancrace,

Nous sommes les meilleurs amis du monde; nous vivons en parfaite harmonie d'estime réciproque, et cependant, sauf en matière de morale, de littérature ou d'art, nous ne sommes jamais en rien du même sentiment, de la même opinion, ni du même avis. — Convenez, mon cher Boniface, que nous sommes deux drôles de corps, et que, si j'étais aussi prompt que vous, nous nous serions maintes fois pris aux cheveux. — Quoi! vous êtes dévot et vous vous emportez! Nous ne pratiquons pas la même philosophie. La vôtre est de vous plaindre et de pleurer toujours; la mienne est de rire sans cesse. — En ami, souffrez que je vous le dise, vous avez l'humeur querelleuse; vous êtes comme le fidèle Médor; vous faites la chasse aux gens, portant bâtons et mendiants; vous léchez la patte à vos messieurs et vous mordez à grosses dents les ennemis de votre maître. On vous musèle, et puis vous allez partout vous plaindre, partout dire que la langue vous démange, que la plume vous gratte l'oreille et qu'on ne veut pas vous laisser parler, ni écrire; que c'est une tyrannie insupportable. On vous a mis la muselière par votre faute, et l'on vous a rendu service, convenez-en, mon cher Pancrace; vous vous seriez fait étrangler; chien hargneux a toujours l'oreille déchirée. Je porte comme vous la muselière, moi aussi, mais elle ne me gêne en rien. Je ne parle qu'à moi seul. Il n'y a pas de loi qui empêche de se parler à soi-même.

Si vous avez tant envie de parler, que ne faites-vous comme Lanjau et Vieusseux? Qui vous empêche de parler de la pluie et du beau temps, de dire l'heure qu'il est au cadran de Tignol, le degré que marque le thermomètre de Bianchi, combien il est tombé de gouttes d'eau dans l'entonnoir de M. Petit, dans quelle zône de la flore toulousaine le hasard a fait découvrir à M. Noulet la plante *punaisicide*, à M. Gourdon ou à M. Cruzel celle qui doit préserver les moutons de mourir de la clavelée, et par quel effort de science géologique et de génie le savant M. Roumeguère a deviné que le squelette de Goliath devait se trouver sous le Pech-David, à 150 mètres en contrebas de l'étiage de la Garonne? Qui vous empêche d'aller chaque jour avec M. Vieusseux, Babilas et ses compagnons à la colonne du 10 avril pour écouter d'où va venir le vent, et de vous tenir prêt à y tourner votre girouette? Le maître d'armes, le maître à danser, le maître de musique, le maître de philosophie de M. Jourdain sont des ânes, des ânes bâtés. Lycurgue, Solon, Socrate, Platon et les Pères de l'Eglise sont des radoteurs. La loi, la morale, la philosophie, la religion, loin d'être les solides fondements des sociétés, comme on l'a sottement cru jusqu'à ce jour, sont des étapes qui marquent à quel degré avait pu descendre la bêtise humaine. Nous sommes dans le progrès, le temps passé est passé. La seule chose vraie, la seule chose utile est d'écouter d'où vient le vent, de tenir constamment arrosés d'huile la grenouille et le pivot de la girouette, et d'être prompt à tourner à propos. Voilà la science, la vraie science, l'unique science du salut; demandez-le à M. Vieusseux et à tous les frères et compagnons de sa loge et de son école. Les hommes dévoués au vent, vous disent-ils, ne se brisent jamais. L'arbre tient bon, le roseau plie. Ces dévoués-là marmottent leur dévouement comme les dévots leurs patenôtres, du bout des lèvres, sans y penser; fiez-vous y. C'est ainsi que roucoulent Mme Vieusseux, Mme Babilas et toutes les courtisanes que vous connaissez ou que vous avez pu connaître. Pardon, excuse, ami Pancrace; j'oubliais que vous n'en connaissez aucune courtisane, vous. La prostitution n'a lieu qu'entre prostitués et prostituées.

Qui vous empêche de faire comme Vieusseux pour conserver votre droit de parole? Personne. La presse jouit à cet égard d'une liberté illimitée. Tout ce qui n'est pas permis est défendu. C'est un aphorisme clair comme le jour, qu'aucun gouvernement, si absolu fût-il, ne songera jamais à vous contester. On ne discute pas les vérités de La Palisse.

D'ailleurs qui vous empêche de fonder un journal, exclusivement consacré à l'art et aux artistes ; art et artistes qu'on aime et qu'on encourage à Toulouse, tant et si bien qu'ils y meurent de faim et de consomption. Voilà, dans la presse toulousaine, une lacune que vous avez, certes, le droit et le devoir de combler. C'est peut-être là le vrai chemin de l'honneur, de la gloire et de la fortune. Aucun gouvernement ne vous portera obstacle, pourvu que vous ne sortiez pas de ce terrain, et que vous n'imitiez pas M. Vieusseux, dont les poules, canards et autres animaux malfaisants ou féroces peuvent impunément divaguer partout, au mépris des lois et des règlements de police. L'autre jour son Caïmacan, toujours *démuselé*, a failli dévorer M. Nyols, directeur de la compagnie anglaise du gaz. On a fait mille pétitions pour obtenir qu'on le musèle ; on n'écoute pas.

La presse, vous le savez bien, mon cher Pancrace. *la presse n'a pas toujours fait son devoir ; elle a souvent joué un vilain rôle dans beaucoup d'affaires.* Des voix plus autorisées que la mienne l'ont dit, et l'on doit sans peine les croire. La presse sait *conspirer* en toutes choses, *même dans les arts, par le silence* aussi bien que par le bruit du tambour, par l'audace de l'agression comme par *l'insinuation perfide.* Ainsi, le maître à barbe grise, arrivé presque à son déclin, est un *jeune-homme* qui donne des espérances et obtient par elle une médaille de bronze, tandis que le *rapin illétré*, à peine sorti de l'école, est un artiste de premier ordre, arrivé déjà à son apogée, et obtient encore par elle la médaille d'or. Ainsi, elle garde un *silence de parti pris* quand le premier expose au musée des œuvres d'art, et elle glorifie sans cesse maint barbouilleur pour des portraits ou des niaiseries en cours d'exécution dans les ateliers et ne devant être exposés nulle part. La presse a fait souvent des ces tours-là et bien d'autres encore. Ce n'est pas seulement pour les artistes qu'elle se montre partiale et complaisante ; elle agit de même en faveur des *chevaliers de l'industrie* et des *grisets enrôlés* sous ses bannières pour avoir sa part dans les pots de vins et son boni dans les épices, comme sous le règne des *honnêtes gens* qu'elle prétend continuer. Elle va plus loin ; elle se fait elle-même *chevalière du lustre et directrice de la claque.*

Elle trafique de tout; elle vend la renommée et les dispenses de vertu, de mérite et de talent. Tous les romains ne sont pas à Rome. Rome n'est pas dans Rome; elle est toute où ils sont ces marchands d'abus et d'*indulgence*.

Mais, me direz-vous, ami Pancrace, l'art n'est pas mon fait. Si l'on me chasse de mon terrain, de celui que j'ai toujours cultivé et d'où l'on m'a expulsé sans indemnité préalable et sans jugement, pour cause de sûreté publique, je ne suis en état de parler que du droit canon et du nouveau Paroissien. Sur ce terrain-là je tiendrai encore tête au premier venu. Aujourd'hui, on ne me laisse pas plus de liberté dans l'un que dans l'autre.

On a peut-être eu raison de vous traiter ainsi, ami Pancrace. Agnelet tuait les agneaux pour les empêcher de mourir. Vous devez vous estimer très-heureux que l'on vous laisse vivre ici en paix et que l'on ne vous envoie pas vivre plus loin, comme on l'a fait pour bien d'autres, qui, certes, ne l'avaient pas mérité autant que vous. Ne prenez pas ceci en mauvaise part; entendons-nous bien, ami Pancrace. Les *autres* n'étaient pas aussi dangereux que vous pour la sûreté générale, l'ordre public et le maintien de ce qui ne veut pas, comme de raison, laisser menacer son existence. Vous en feriez autant si vous étiez le plus fort. Mon chapelier, mon cordonnier, mon tailleur ne sont pas certes en état, eux, de renverser quoi que ce soit, ni de détrôner quiconque sera un peu décidé à ne pas les laisser faire. Ils n'épouvantent que les peureux et ceux qui font semblant d'avoir peur. Les pires poltrons sont, comme les pires sourds, ceux qui veulent l'être; croyez-moi, ami Pancrace, cultivez les arts de la paix, et ne cherchez noise à personne. Fondez un journal pour l'art et les artistes, vous serez le bien venu d'eux et de tous.

Mais, me répondrez-vous, que ne fondez-vous ce journal vous-même, puisque cette idée vous sourit tant. — Moi, journaliste! ô Pancrace! vous n'y songez pas. J'aimerais mieux être cocher à l'heure, si j'avais une montre, que d'être le scribe d'une coterie ou d'un parti, et l'esclave d'un compositeur ou d'un prote, toujours avide et insatiable de copie. Un journaliste n'est pas autre chose; il ne s'appartient pas. Le libre arbitre ne se laisse pas attacher. Un journal! c'est le tonneau des Danaïdes à remplir. Je suis trop occupé du matin au soir à ne rien faire pour avoir le temps de m'occuper à quelque chose, surtout à quelque chose dont on n'aperçoit jamais le fond. J'aimerais mieux prendre la place de Sisyphe que celle de M. Pujol ou de M. Roumegnère. Ces braves gens iront en Paradis tout droit pour avoir été en enfer sur la terre. Quoi! je m'arrête tout un jour sur un pied de mouche; je m'endors le soir sur des capucins de cartes, et vous voulez que j'aille, moi, empoisonner le doux loisir que le *Dieu Vieusseux* m'a fait? Non, non, mon plaisir est d'aller écouter polichinelle, de regarder les éphémères voltigeant au bord de l'eau, et d'observer à loisir ces petits bons hommes sans cœur ni cervelle, et à cul de plomb, qui, dans toutes les révolutions où l'on jette les maisons par les fenêtres, ont le *secret* de toujours tomber assis ou sur leurs pieds, et de se tenir en équilibre sur les ailes d'un moulin à vent. L'homme, certes, n'est pas un Dieu, mais il est comme Dieu, tel aujourd'hui qu'il fut dans tous les temps. J'entrevois déjà dans l'*Union artistique* le Caïmacan, montrant les dents à tout venant, Mignon-Mimi, avec son *arrière* en avant, le nombril de M. Vieusseux, l'orteil de madame son épouse, et bien d'autres choses à l'avenant. Mme Vieusseux c'est la Lice et sa compagne. Laissez-lui prendre un pied chez vous, elle en aura bientôt pris quatre. Dans le monde des lettrés et des artistes, tout le monde connaît cette *Lice*, excepté ceux qui veulent ne pas la connaître; car elle a, comme Mme Babilas, plusieurs compagnes, et chaque compagne plusieurs compagnons, sans compter les compères, ni les commères, ni ceux qui leur tiennent la chandelle, sans se douter de ce qui se passe, ni à quoi on les fait servir. Voilà par le *coin de quel trou*, qui n'est pas celui de la rue Merlane, à Saint-Etienne, la médiocrité outrecuidante et audacieuse arrive à la gloire et à la fortune, et le mérite timide et modeste, à l'oubli et à l'hôpital. Merci, Mme Vieusseux. O combien l'art et le progrès vous doivent de reconnaissance!

L'*ignoble* ne peut se dépeindre qu'en langage trivial ou vulgaire. L'artiste sent le beau idéal et ne comprend pas la réalité. Le public seul sent, sait, comprend ou devine tout; mais il n'a voix en chapitre nulle part ni en aucune matière, et l'autorité n'est jamais éclairée sur *rien*, parce que M. Vieusseux, interposé ici, partout et toujours, entre elle et le public, sème la défiance, fomente la haine, souffle la discorde et mène ainsi la ville, au seul profit de sa *loge maçonique* et de la dynastie déchue, par le *célibat*, l'*intrigue* et la *corruption*. M. Vieusseux sacrifie partout l'intérêt public à l'intérêt privé ou de parti. Il s'est enrichi par l'usure, par le faux poids, par le tour du bâton ou par l'acquisition des biens nationaux, et il a toujours peur qu'on ne lui fasse rendre gorge, lorsque le public et l'autorité finiront par s'entendre ou par y voir clair ; car M. Vieusseux est l'organe né et incarné d'un *parti*, dont la tête n'est pas en France, et dont les pieds, les mains et le ventre se trouvent mêlés à tout et partout, à Toulouse, jusques dans le domaine des beaux-arts.

M. Vieusseux est l'instrument docile ou aveugle d'un gouvernement *occulte*. Il connait les nominations et les décisions officielles qui concernent Toulouse, avant les autorités compétentes, et il les annonce avant le *Moniteur*. La conspiration est permanente, flagrante. Le public ne s'y trompe pas. Le *hussard* qui a illuminé et pavoisé sa maison, le 15 août, pendant 50 ans, et dont le dévouement est connu de tous, ne s'y trompe pas non plus. Son instinct comme celui du public est infaillible. Et cependant ce *hussard* n'est pas écouté dans les conseils du pouvoir, alors même qu'il patronne un candidat digne et capable contre un candidat indigne et incapable, patronné par M. Vieusseux.

Les Mandements de nos seigneurs les évêques ne sont rien, mon cher Pancrace, à côté de la sape et de la mine que fait incessamment jouer M. Vieusseux. Les mèches éventées n'ont jamais fait partir la poudre. Les insinuations perfides, les réticences calculées sont bien plus sûres de leur effet. D'ailleurs nous sommes meilleurs chrétiens que nos pères. Le temps des Ravaillac et des ducs de Guise est, dieu merci, passé sans espoir de retour.

Et la fameuse *couronne civique!* tant et tant reprochée au fameux Proconsul! Savez-vous où elle a été *inventée*, cette couronne, mon cher Pancrace ? — Dans la *loge maçonique.*— Où elle a été promulguée ? — Au corps de garde, dans la compagnie de M. Vieusseux, qui a signé en tête de la liste de souscription. Qu'on la publie, donc cette fameuse liste, et l'on verra que votre nom ni le mien n'y figurent pas. Quoi, M. Vieusseux! Le lieutenant du Proconsul, et ses amis que vous avez fait expulser et déporter ont refusé de la signer, cette liste de souscription, et vous osez la leur imputer à crime, vous qui l'avez signée des deux mains, et le premier! Ah! M. Vieusseux! Le Satyre a bien raison de vous dire quand vous passez devant lui : *Ne plaise aux dieux que je couche avec vous sous même toit ;* car vous êtes *Iscariot.* C'est vous qui avez fait déporter mon *tailleur,* mon *cordonnier* et mon *chapelier.* Le *hussard* ni M. Piétri n'ont jamais pensé que le salut de l'empire pût dépendre de cette *inutile précaution.* — Vous vous êtes fait rayer, *on sait bien pourquoi,* du contrôle de la compagnie; mais vos lieutenants et vos fourriers n'ont pas cessé de faire manœuvrer le régiment, au nom du pouvoir *occulte* que vous servez, et que vous avez vous-même précipité dans l'abyme de corruption d'où il ne pourra jamais se relever. Un parti qui se dit le parti des *honnêtes gens* ne doit jamais *s'associer* avec la canaille.

Ce n'est plus le temps de pêcher en eau trouble et de chuchoter à l'oreille, M. Vieusseux! Le moyen d'être juste, c'est d'être éclairé, et la lumière se fera. Les victimes de votre oppression seront délivrées. Quand l'empereur a fait grâce, il n'appartient ni à vous ni à aucun des vôtres, de continuer, jusques en matière de beaux-arts, les rancunes, les vengeances et la proscriptions de la dynastie d'Orléans. On n'a pas fait 1848 pour recommencer 1830.

Les gérants-responsables de M. Vieusseux sont des hommes de probité, de bonnes mœurs et conduite. Nul ici ne le conteste; mais ils sont les plastrons visibles et les instruments aveugles de celui qui se cache derrière eux pour diriger la conspiration politique qui crève les yeux de tous les Toulousains, natifs de Toulouse, et que la police impériale ne sait pas apercevoir. Les gérants, je n'entends pas faire ici l'éloge de leur intelligence et de leur perspicacité, sont innocents, je le crois, de toute complicité dans cette intrigue, comme sont innocentes de toute impureté, ces petites fillettes qui portent, sans y entendre malice, les billets doux de leurs sœurs aînées, ou ces femmes naïves et irréprochables, qui prêtent la main au vice sans le savoir, et qui, à l'ombre de leur vertu et de leur candeur, abritent les amours peu chastes et les relations peu légitimes de leurs meilleures amies.

Voilà où nous en sommes arrivés, mon cher Pancrace. On vous a dit, et l'on me l'a dit aussi : le Caïmacan est mort! La race des Vieusseux est éteinte! Babilas et ses compagnons n'existent plus! Mignon-Mimi a quatre pieds de terre sur le ventre ou sur le dos, car il a voulu être enterré le ventre en bas! — Allons donc! Le chiendent ne périt jamais. Il ne vient pas de graine; il prend de bouture comme les *Gimazanes* de l'enseigne toulousaine; on en voit partout. Le chiendent pousse encore, dit-on, après avoir passé par le digestif et l'intestinal des ruminants. M. Cruzel et M. Gourdon savent cela, eux; ils pourront vous le dire. Je l'ai ouï dire comme bien d'autres, mais je ne le sais pas. Je sais néanmoins qu'il dépend toujours du Caïmacan d'éteindre le gaz et de plonger la ville dans les ténèbres quand il voudra. C'est le *Deus omnipotens*, après Vieusseux dont il est le lieutenant pour la police générale. Il peut dépendre le buste de n'importe qui du fronton du capitole, le traîner dans la boue des ruisseaux et le jeter dans le trou de Daure, et puis encore *être choisi* pour faire les honneurs de la ville au fils ou au neveu de ce buste quand il passera par ici. Car ainsi le veulent M. Vieusseux et *sa loge maçonique*. Mᵐᵉ Vieusseux a bien pu, elle, faire parler d'elle toute sa vie, sans qu'on se ressouvienne de son passé. Elle a dansé la carmagnole en 93; elle a baisé la botte du libérateur Wellington, en 1814, s'est *ivrognée* avec John-Bull, et a dansé dans le carrefour avec un écossais sans culottes; elle a célébré les saturnales de 1815 et prêté son *hôtel du silence* aux auteurs et complices de l'assassinat de Ramel; elle a abattu la croix de mission, en 1830, planté un arbre de liberté en 1848, relevé la croix de mission, en 1853; elle a été la première à illuminer pour sainte Germaine et pour l'Immaculée Conception, comme elle illuminera toujours la première pour le premier venu qui voudra lui fournir le cierge. Comme Ninon de Lenclos, cette vieille est toujours jeune. J'en connais plusieurs qui en voudraient pouvoir dire autant.

M. Vieusseux est, de même que madame son épouse, un *immortel.* C'est un personnage indispensable et inamovible à Toulouse. En 1848 il damait le pion à Caussidière. Ne craignez rien, ami Pancrace, *je ne sortirai pas de mon pot aux roses :* ceci n'est pas de la politique; c'est de la morale et de l'histoire; c'est une peinture d'art d'après nature. M. Vieusseux est le président-né de tout ce qui est présidé à Toulouse, de toute réunion dont M. *Vise-au-trou*, le Caïmacan, Babilas et ses compagnons sont nés membres ou fondateurs. M. Vise-au-trou enlèverait la présidence à Orfila ou à Lavoisier s'ils se présentaient en concurrence avec lui dans sa section et même ailleurs, partout où il se mettrait sur les rangs, même au conseil général, même à la députation ; même à l'académie des beaux-arts, si Ingres avait l'audace de venir se mettre en ligne avec lui.

Si la goutte le retient au lit, M. Vieusseux fera présider le prochain congrès par mon ami M. le docteur C.... et à son défaut par le savant M. Roumeguère, si celui-ci n'est pas en délicatesse, en défiance, en jalousie, en rivalité, en susceptibilité ou en froideur avec lui; ce qui serait bien possible. Le monsieur de l'Aigle aurait, dit-on, déserté le drapeau multicolore des Vieusseux et mangé le mot d'ordre de la *loge maçonique.* Mais le Caïmacan tiendra la plume. Le congrès ne pourrait pas se tenir sans lui.

Quant au mot d'ordre de la *loge maçonique,* je vous le dirai une autre fois; mais si les rats de la *Bernadette* ne vous ont pas rongé le nez, les yeux ou les oreilles, si vous n'avez pas subi toutes les épreuves du diabète, de la phlyctène et du changement à vue du Protée Vieusseux, ne songez pas à jamais voir la lumière, en loge, dans les caves de l'*hôtel du silence.* Je tiens le frère concierge, le frère servant, le frère copiste, le frère archiviste, le frère Babilas et ses compagnons pour les plus honnêtes gens du monde, mais ils n'ont jamais pénétré dans le tabernacle; le *fiat lux* n'a jamais été dit pour eux.

Les gens de plume ne divulgueront jamais le secret de cette loge. Ceux qui le savent ont fait un serment terrible; ils se sont condamnés au suicide littéraire, artistique, civil; je ne parle pas du politique. Aucun homme de plume vivant ne veut mourir. Les sorciers ne se vantent jamais d'avoir fait pacte avec le Diable. D'ailleurs le monde lettré ne se met jamais en état de rupture ouverte. C'est bon aux gens qui ne savent pas vivre, aux gens de rien, aux goujats, aux portefaix, qui passent de suite et presque sans transition des gros mots aux voies de fait, et des voies de fait aux actes de la dernière violence. L'homme d'éducation use rarement de *cette franchise*, à moins qu'il ne soit de bonne race, porteur de rapière, ou qu'il n'ait eu l'habitude du commandement, et qu'il ne craigne pas les coups de stylet ni les égratignures, pour avoir osé appliquer sa cravache sur la figure d'un magistrat de l'*ordre Vieusseux*.

Demandez à tous les chefs de service, dans n'importe quelle partie, s'ils ne rencontrent jamais des bâtons dans leurs roues, des chausse-trappes sous leurs pas, des épées suspendues au-dessus de leurs têtes par un cheveu, et des épines sans roses entre les draps de lit de leur propre couche.

Mme Vieusseux n'est pas une femme née d'hier, ni d'aujourd'hui. Elle a été rebaptisée sous ce nom, à Toulouse, par la compagnie du *Gay-saber*. Elle n'était pas chrétienne. Les Païens l'appelaient madame Circé, les féodaux madame Armide. Au fond elle fut, elle est et elle sera toujours la même comme Sicut. *Sicut erat in principio, et nunc et semper*. Son doux regard sera toujours perfide; son doux regard aurait séduit Socrate et dompté le *platonique* Platon. Demandez-le à M. le Recteur, mieux fixé que vous et que moi sur cette *Immortelle;* demandez-lui si c'est lui ou elle qui mène les choses dans son ressort.

Je ne sortirai pas de mon pot aux roses. La littérature et l'art sont sœur et frère. Mme Vieusseux marche à quatre pattes dans les quatre facultés, et sert de bougeoir à l'université comme à l'académie. Le bougeoir est le chandelier de ceux qui ont la vue basse. Or, Mme Vieusseux est comme la matrone d'Éphèse. Mieux vaut goujat debout qu'empereur enterré, dit-elle. Si M. le Recteur est marié ou veut rester célibataire comme Joseph, elle épouse, bon gré malgré, le Rectorat; elle lui baise les pieds, elle lui lèche les mains, elle lui enfonce son bonnet de nuit sur les yeux; elle le caresse de partout, tant et si bien qu'elle finit par faire dans l'université ce qu'elle veut. Le Rectorat est trop galant et trop poli pour lui dire : *quos ego...*

Vous m'embêtez, madame! Il lui tourne le dos et s'endort bien décidé à faire à sa tête le lendemain.

Mais madame n'a pas dormi. Ce que femme veut Dieu le veut. Au désir de la loi, des instructions ministérielles, et dans l'intérêt de l'université, le Rectorat fait son enquête et son rapport. Il choisit et propose, désigne et recommande un artiste de mérite, de renom, de bonne conduite et bonne tenue pour l'emploi vacant. Il ne veut pas se laisser entraîner désormais à faire un choix aussi déplorable que celui qu'on fit de M. B......., le potier, pour professeur de dessin, de funèbre mémoire. Cet illustre potier avait un jour exposé au musée le buste illustre de l'illustre recteur, M. Laferrière. O camaraderie! Quels excès de complaisance n'es-tu pas capable de faire commettre! Le dévouement au camarade, au compagnon, au frère maçon va-t-il donc jusqu'à se laiser *massacrer* pour lui, pour son honneur ou pour sa gloire?

Pendant que le Rectorat s'informait ou sommeillait, Mme Vieusseux ne dormait pas. Elle voulait, elle, un rapin inconnu, couvé sous sa crinoline, incapable d'enseigner, incapable même d'être admis comme élève à l'école des beaux-arts, dans la classe du modèle vivant, où son nom seul provoque le rire, et ce rapin fut nommé à l'emploi vacant par une manœuvre de haute police, malgré le rectorat et malgré l'université, qui ne savent pas, même encore, d'où et comment cette tuile est tombée sur leur tête, puisque au lieu de réparer cette erreur si préjudiciable à leurs intérêts, ils l'ont au contraire aggravée; car ils ont dit au rapin : Puisque nous ne savons pas d'où vous venez, que vous êtes inconnu dans le monde des artistes, et que vous ne pouvez pas enseigner l'art du crayon ni du pinceau, voilà un compas; enseignez la *géométrie*. Et ils ont sorti de sa classe un excellent géomètre, qui n'a pas le compas dans l'œil, ni l'idéal dans le cerveau, pour lui faire prendre le pinceau et enseigner la pureté du trait et la grace du contour, au lieu et place du rapin nommé à l'emploi. Allez donc voir si l'on fait de ces bévues à Sorèze et chez les Pères Jésuites. Ceux-ci avaient Léotard pour enseigner *l'art du trapèze*. Ne vous mettez pas sur les rangs, M. Sigalloux, si l'université demande un maître à danser. Le Caïmacan, l'hippopotame ou M. Lanjau seront nommés: c'est ainsi qu'on fait progresser l'art et qu'on encourage les artistes à Toulouse, et toujours ainsi il en sera tant que Mme Vieusseux vivra. Vous niez, Mme Vieusseux, avoir joué ce tour au Recteur? Eh! madame, la *queue vous fume*. Tout le monde sait ici comment, chez vous, *tout part d'en bas et arrive en haut. Je ne suis pas sorti et je ne sortirai pas de mon pot aux roses.*

Si vous avez à faire au bureau des arts au Capitole, ce sera encore pire. Le chef de ce bureau est et sera toujours un compagnon de Babilas et un scribe intime de Mme Vieusseux. Il en est ainsi à Toulouse dans tous les bureaux d'administration, n'importe laquelle. Il n'y a pas de serrure dont Mme Vieusseux n'ait la fausse clé. Demandez à un compagnon de Babilas combien nous avons eu à Toulouse de maires et de préfets depuis trente ans. Vous croyez, vous, que nous en avons eu au moins 500. Nous avons vu un temps où on en changeait comme de chemise. Détrompez-vous; le compagnon vous répondra : il n'y a jamais eu à Toulouse qu'un seul maire et un seul préfet, M. Vieusseux. Je n'en ai jamais connu et je n'en reconnaîtrai jamais d'autre. Les maires passent, les préfets s'en vont, M. Vieusseux reste.

En effet, venu d'Albi avec sa *prébende* devant, et les principes de 89 derrière, dans sa besace, pour colporter des almanachs, comme Filouse et Archidet, M. Vieusseux se fit d'abord naturaliser toulousain, puis *bourgeois*, puis *capitoul*, avec espoir de devenir gentilhomme; moyennant quoi il fut, en 1830, cloué à perpétuelle demeure, à Toulouse, maire, *prébendier* et sinécuriste de profession par Mme la Pucelle de la maison d'Orléans.

Depuis lors sa tête ne paraît nulle part; ses pieds et ses mains se trouvent partout. L'hydre de Lerne n'était rien en comparaison. L'hydre *sans tête* chassa Mahul et le fit sauver par la porte de derrière. C'est elle qui avait *fabriqué l'émeute*, non pas pour chasser le pauvre Mahul, qui n'a jamais su pourquoi on ne lui avait pas laissé le temps de chausser ses bottes et de préserver *la chair de sa chair* des épines du chemin, mais pour faire déguerpir Plougoulm qui, sans cela, allait surprendre des *pieds* et des *mains* dans le sac, et envoyer ceux qui en étaient les

porteurs aux galères. Le sol trembla, les pavés se soule-
vèrent, et le lendemain l'hydre était bras dessus, bras
dessous avec le Proconsul, *envoyé de Paris en toute hâte
et exprès* pour la terrasser, la détruire, et nettoyer les
étables d'Augias, situées, *disait l'enquête*, dans les bureaux
du Capitole. Et le pauvre Filouse, qui n'en pouvait mais,
fut envoyé par le Proconsul devant la cour d'assises. Voilà
une histoire plaisante à raconter, si elle n'était pas en dehors de mon pot aux roses ; *d'où je ne suis pas sorti et
d'où je ne sortirai pas.* Je suis resté dans la question d'art.

Si donc vous avez à vous plaindre d'une iniquité ancienne
et toujours répétée à votre égard, n'espérez pas en obtenir
le redressement. Le maire de *nom* et de passage au Capitole vous écoutera avec intérêt. Vous serez enchanté de
son bon accueil, de sa loyauté, de sa politesse. Il recon-
naîtra votre réclamation fondée, vous promettra d'y faire
droit, et telle sera réellement son intention, mais il vous
dira : Formulez votre demande par écrit afin qu'elle soit
régulièrement introduite et instruite. Alors vous formulez
cette demande par écrit, en ayant bien soin de vous étayer
de sa bienveillance personnelle, de son bon accueil, de sa
promesse formelle, et de ne rien dire qui puisse blesser
un seul des membres de son administration. Mais pour exposer les faits, vous ne pouvez vous dispenser *d'insinuer,
en passant*, que le tort dont vous avez eu à vous plaindre
si souvent a été causé par *quelqu'un*, par un prédéces-
seur, sans dire lequel, son rival, son adversaire, son *ennemi personnel* peut-être. Vous vous gardez bien de dire
surtout que tous les préfets, *sans exception*, ont été impuis-
sants pour faire réparer cette iniquité commise de *parti
pris* par M. Vieusseux.

Eh bien, sans vous en douter, vous avez insulté, outragé le maire, ce même maire qui vous a témoigné sin-
cèrement de l'intérêt et en qui vous aviez une entière confiance. Le préfet n'aura pas vu l'insulte puisqu'il aura
recommandé lui-même votre demande écrite. Le maire aura
beau dire : Mais je ne me sens nullement blessé, insulté,
outragé. Cette demande est juste, bien fondée, fort claire
et fort respectueuse, et je veux y faire droit. Vous ne le
pouvez pas, M. le maire, reprend le compagnon de Babilas, le scribe intime de Mme Vieusseux. Vous êtes soli-

daire des actes *(iniquités)* de vos prédécesseurs; quand on insinue qu'on n'a pas fait droit à une demande on insulte l'administration, et quand on insulte l'administration c'est vous-même, M. le maire, qu'on insulte. *Qui n'aime pas Cotin n'estime pas son Roi.*

Voilà la règle des affaires au Capitole, c'est-à-dire la règle qu'imposent au Capitole les compagnons et les compères de M. Vieusseux.

Je ne suis nullement insulté, répétera le maire; je suis assez chatouilleux sur le point d'honneur pour........ — Si, si — Non, non. Le scribe fait aussitôt signe à Babilas, Babilas fait signe à ses compagnons, et ils aboient tous si bien en chœur : Si, si, si, si, si, que le maire finit par se laisser persuader qu'on l'a insulté sans qu'il s'en soit aperçu, ou qu'on a peut-être *médit de lui l'an passé*, comme l'avait fait l'agneau de la fable.

Si donc vous voulez arriver, adressez-vous, non pas au maire de *nom*, mais au maire de fait, à M. Vieusseux. Parlez-lui chapeau bas, bien bas, à deux mains. — Plus bas, vous dira-t-il, — à genoux? — Plus bas : — à plat ventre? — Plus bas: — mais je suis de tout mon long le ventre contre terre? — Plus bas, vous dis-je; on n'arrive ici que par le terrier du renard ou par le trou de la taupe.

Dans ce qu'on appelle le monde, Mme Vieusseux, courtisanne rusée et rouée a seule la parole et tient le dé dans toutes les conversations. Rien n'est babillard comme une *feuille publique.* Les rivales lui servent toutes de marchepied et elles ne s'en aperçoivent pas, malgré la finesse proverbiale du tact féminin. En voulez-vous un exemple? Cela vous étonne, mon cher Pancrace; on ne vous a pas appris cela au séminaire ni au collége Sainte-Marie. Là les femmes peuvent recevoir une direction, elles ne la donnent pas. Mme Vieusseux s'y glisse bien quelquefois en tapinois, mais on y veille sur elle, et elle ne sort pas sans avoir été fouillée dans ses poches aussi bien que dans sa conscience. Là du moins, du côté de la barbe est la toute puissance. La femme est *soumise;* être en puissance du confesseur ce n'est pas être en puissance du mari. Dans l'université au contraire, madame casse toute la vaisselle sans que jamais personne lui dise rien. Aussi est-elle essentiellement *universitaire* et acoquinée avec son directeur de conscience, le très-révérend père *Huguenot,* aumônier de la maison d'Orléans, qui lui donne l'absolution et la communion sans la confesser, et qui lui permet de manger viande le vendredi et le samedi mêmement.

Ceux qui mangent au grand ratelier ce qui leur plait, tant qu'il leur plait et quand il leur plait, ne permettent pas à ceux qui meurent de faim de toucher à leur litière. C'est la charité bien ordonnée de commencer toujours par soi-même. La religion de l'égoïsme et de l'orgueil, la doctrine *enrichissez-vous* du très-révérend père *Huguenot,* aumônier de la maison d'Orléans, le veulent et le recommandent ainsi. Le culte du veau d'or est le seul culte pratiqué dans la loge maçonique, fondée à Toulouse, par M. Vieusseux, dès 1789, et il n'a pas subi la moindre altération depuis ce temps-là. C'est de là que partit le fameux signal de *la peur,* lorsque la même nuit, réveillée en sursaut, toute la France crut voir l'ennemi arrivant à la porte de chaque village. L'ennemi était arrivé des quatre points cardinaux, par le télégraphe électrique, et avait passé le Rhin et les Pyrénées sans être aperçu.

Les franc-maçons Babilas et ses compagnons rapportent tout à leur loge comme les moines tout à leur couvent. Ils sont plus nombreux, plus forts et encore mieux organisés et disciplinés que les moines, et ce n'est pas peu dire. Les principes de 89 sont immortels, élastiques et capables de marier le grand Turc avec la république de Venise ou avec la Russie, alors même qu'ils seraient en état de guerre.

Baal est le seul vrai Dieu. M. Vieusseux est son prophète et les sinécuristes ses martys. Son vatican est dans la rue Saint-Rome. Voilà pourquoi son église sera désormais la seule église catholique, apostolique et *romaine,* ne vous en déplaise; et quoi que vous en puissiez dire, mon cher Pancrace, les portes du paradis ne prévaudront jamais contre elle. Le schisme est fait; l'hérésie triomphe; vous perdriez votre temps à prêcher des convertis à l'apostasie. Consolez-vous, ami Pancrace; prenez en votre parti; ne dites pas : *Etiam si omnes ego non.* Soyez comme moi de votre pays et de votre temps. Le nouveau dogme est assis sur un roc inébranlable. *L'intérêt* est bien plus certain que la foi. Il a les promesses de la vie présente. Remarquez bien toujours *que je ne sors pas de mon pot aux roses.*

En voulez-vous une preuve? Quand Mme Vieusseux veut faire la réputation et la position de quelqu'un des siens, d'un peintre par exemple, puisque nous en sommes aux beaux-arts, elle allume un grand feu de paille; elle fait gémir ses presses, résonner sa grosse caisse, ses fifres, ses tambours et ses clairons. Elle met en campagne Babilas et ses compagnons, et les estafiers du Caïmacan en sentinelle. Elle marie sa fille; elle convie à la noce, au banquet et à la danse les dames patronnesses de toutes les bonnes œuvres d'église, de temple et de synagogue. Vous savez que madame a les pieds blancs et que les pieds blancs entrent partout comme la police.

Mais la police ne sait jamais ce qui bout dans le pot au feu de Mme Vieusseux, ni ce qui se mitonne dans les cuisines souterraines de *l'hôtel du silence,* ni que pour y être admis en loge, il faut avoir eu le courage d'outrager le buste du géant abattu, donné un coup de pied au lion devenu vieux, trempé pour quelque chose dans l'assassinat de Ramel, ou entretenu des correspondances à l'étranger avec les prétendants et les prétendantes. Oh! alors, si vous avez eu cet honneur et ce bonheur, on vous met à Toulouse dans toutes les sauces, avec l'ail, l'oignon et le persil. Les parisiens et la police parisienne ne connaissent rien à ce fricot, et ils s'en lèchent les doigts.

Mme Vieusseux convoque donc mesdames les abbesses, les diaconesses, les doyennesses de Toulouse, et elle leur dit : mesdames, gardez-moi le secret (tout est mystère dans l'intrigue comme dans l'amour); le révérend père *Huguenot* va se convertir au catholicisme de la rue Saint-Rome. Il n'aspire à rien de moins qu'à monter avant peu dans la chaire de Saint-Etienne. Il y montera, soyez-en bien persuadées. Je connais le fond de son cœur; le ciel n'est pas plus pur. Nous n'avons rien de caché l'un pour l'autre. Il doit mener le branle à la noce de ma fille, et il désire faire à mon gendre une réputation qui ne sera pas de paille comme mon feu. Or, poussez madame la Présidente, madame l'Intendante, madame la Procureuse générale, madame l a Sous-intendante (ces deux dernières, pénitentes du révérend père Huguenot) pour qu'elles poussent à leur tour madame la Maréchale à faire faire son portrait.

Avec des mesures si bien prises, *dans l'intérêt de l'art,*

ne craignez pas que madame la Maréchale prenne d'autres informations et s'adresse à un véritable artiste. Elle s'adressera à un *manœuvre illétré*, joaillier, tailleur, perruquier ou potier, comme fit l'illustre M. Laferrière, et elle servira, malgré elle, ou sans s'en douter, d'instrument à Mme Vieusseux, pour élever au pinacle son rapin favori, et d'aliment à son feu de paille.

Voyons, mesdames, vous reconnaissez-vous bien toutes dans ce tableau? Il n'est pas flatté, ce n'est pas du pastel; mais il est ressemblant, *frappant*. Tout le monde ici vous y reconnaît, et vous vous y reconnaissez toutes aussi, excepté une seule, celle qui vous sert de repoussoir, celle qui fait ressortir votre innocence, votre candeur, votre bonté, votre bonne foi. Cette seule inconnue parmi vous, c'est Mme Vieusseux que vous ne connaissez pas d'avantage sous ce faux nom. Mais je vais vous dire, moi, son nom véritable, afin de vous mettre désormais en garde contre ses piéges et contre ses feintes.

Mme Vieusseux! c'est l'intrigue, ce parasite de l'art et son plus mortel ennemi. Mme Vieusseux! c'est la renommée, ce monstre difforme tout couvert d'oreilles et d'yeux, dont la tête se perd dans les nues, et dont les pieds touchent aux enfers. Mme Vieusseux! c'est la Presse; celle qui joue un si vilain rôle dans toutes les affaires d'art et dans bien d'autres. Mme Vieusseux! c'est la *feuille Vieusseux*, cette publicité *indigète*; car le nom de Vieusseux est divinisé à Toulouse comme celui de Romulus à Rome, de Pallas à Athènes, de Vénus à Paphos, de la bienheureuse Germaine Cousin à Pibrac. Mme Vieusseux fait, elle aussi, des miracles; elle est oiseau et souris; elle tourne mieux que le *cibot* ou la toupie; blanche comme neige quand elle tourne, elle étale, dans les temps d'arrêt, dans tout leur éclat, toutes les couleurs de l'arc en ciel.

Tous les autres organes de publicité sont des éphémères; ne faites que passer, ils ne sont déjà plus. Mais la feuille *indigète* vous dit : Le *meilleur placement est l'emprunt Ottoman*; Mme Vieusseux l'a dit, et tout est dit. Le meilleur chocolat c'est......... Le meilleur peintre c'est .... Mme Vieusseux vous le dira.

Sachez donc, mesdames, qu'à Toulouse la Presse des Vieusseux a toujours eu seule la parole et qu'elle a toujours tenu la lumière sous le boisseau ; que des *manœuvres illétrés*, étrangers à l'art et à la science, mais de la *compagnie des grisets de Babilas*, y ont acquis des réputations usurpées, et que des artistes, les véritables et les meilleurs, y sont condamnés à mourir de faim, si vous ne vous occupez vous-même de les rechercher et de donner un peu de travail à chacun d'eux.

Vous croyez peut-être connaître Mme Vieusseux, vous, mon cher Pancrace, parce que vous la voyez tous les jours à l'église faire la sainte *n'y touche ;* détrompez-vous ; si vous la connaissez aussi bien que moi je vous donne un biribi. Je l'ai connue *déesse de la raison.* Nous sommes contemporains. Au temps de M. et de Mme Denis et de *l'anguille de Melun*, c'était en 1801, nous étions du même caveau. Je ne l'ai jamais perdue de vue depuis lors, elle ni son mari ; lui, au théâtre, dans sa stalle ou avec sa bergère dans la coulisse ; elle dans sa loge grillée, sur son divan avec son divin. Je ne dis pas qu'elle soit légère ou imprudente. La femme de Vieusseux ne doit pas être même soupçonnée ; mais je dis qu'on ne doit pas diner de l'autel quand on veut souper du théâtre, ni *fabriquer l'émeute* quand on se dit ami de l'ordre. J'ai vu, de mes yeux vu, Mme Vieusseux opérer ce miracle de souffler en même temps le froid et le chaud, de faire l'émeute et l'ordre ; je l'ai vue faire trembler le sol et soulever les pavés, et se réveiller ensuite dans les bras du Proconsul de la *paix à tout prix*, et rayonnante de sa victoire.

La *Bourgeoise* Mme Vieusseux a toujours nagé entre deux eaux comme la baleine. Un jour je l'ai surprise au bain. Elle n'est ni chair, ni poisson. Ah ! quel malheur pour moi d'avoir découvert ce mystère que tout le monde connait à Toulouse, excepté les étrangers et la police ! Elle me dévoua à ses chiens qui ne m'ont pas encore tout-à-fait dévoré, mais peu s'en faut. Son Babilas est un terrible dogue ! Il mord sans aboyer. Actéon fut bien plus heureux, ses propres chiens aboyèrent, dit-on, en le mangeant.

Celui qui peut éteindre le gaz, mettre une tâche sur le disque du soleil et de qui relèvent toutes les gloires, est bien capable aussi de jouer au palet et aux quilles en pleine *Union artistique*, sans que personne s'en aperçoive. Vous avez la bonhomie de croire, vous autres, messieurs les bonnes gens, que vous pouvez vous passer des Vieusseux et du Caïmacan, les exclure, les paralyser, les neutraliser; que votre société s'est même constituée dans ce but! Allons donc! Vous tous, patrons et fondateurs de cette œuvre, servirez d'instrument à leur bon plaisir. Ils seront les maîtres chez vous comme partout. Eux, leur clique et leur claque disposeront de vous et de votre argent aussi facilement qu'ils disposent de ceux qui font marcher la police et les gendarmes; et s'ils ne distribuent pas vos médailles puisque vous n'avez pas de médailles, ils feront acheter, malgré vous, les tableaux de qui bon leur semblera. Vous n'aurez que l'honneur d'acquitter leurs mandats, et vous serez surpris quand vous serez au bout de n'avoir là rien vu ni rien compris du tout.

La justice c'est leur bon plaisir. Le même tour sera joué qu'en 1858. M. Lanjau avec ses grands pieds, M le *Burineur* avec sa béquille, MM. les rapins avec leurs mains et palettes barbouillées eurent beau trépigner, frapper, claquer et demander en chœur sur l'air des lampions : Le rapport! le rapport! le rapport! Le rapport n'entendit pas et ne vint pas. Il était sourd des deux oreilles, le rapport, comme M. Vieusseux; et M. Lanjau lui-même, tout gros et tout fort qu'il est, n'osa pas insister. Il est bon confrère M. Lanjau! l'aigle ne marche pas sur les pieds du canard. Le tour demeura fait et bien fait; l'on se moqua et l'on se moquera de nous .... toujours. Que pensez-vous de cela, ami Pancrace?

La scène du chien qui porte à son cou le dîner de son maître se passait à Toulouse, au temps de M. Plougoulm. Cette scène n'est pas un mystère; elle se passe encore au grand jour; le public la voit et la reconnaît partout. Mais M. Plougoulm eut la maladresse de découvrir le pot des franc-maçons et le malheur de regarder de travers madame Vieusseux, parce que ce pot n'était pas aux roses comme celui-ci. De là le soulèvement de la foule: de là la fuite et la disgrâce du grand justicier.

Qu'on l'appelle Turcaret, Bridoison, Ratapoil ou Arthur, Mme Vieusseux est et sera toujours la *maire des compagnons* de Babilas et de la ville. Jamais un homme de police ou de justice, intelligent et probe, jamais un homme digne de la confiance du gouvernement n'a pu prendre racine à Toulouse. Dès qu'il connaît un peu son monde, s'il est *curieux* comme M. Plougoulm, il gêne, il importune; on se débarrasse de lui bien vite. Aucun préfet n'a jamais connu ici le véritable motif de sa disgrâce. Mme Vieusseux ne tolère autour et à l'entour d'elle que des complices, des compères ou des aveugles. Il lui faut des têtes en forme de melon, sans front, sans rien qui dépasse les sourcils, et dont les gros yeux à fleur de tête soient au niveau du sinciput. La tête en forme de melon est le signe certain d'une grande candeur et d'une rare intelligence.

Où voulez-vous aller, Pancroke? Restez donc avec nous, me disait un jour Mme Vieusseux. Nous avons *l'argent*, *l'intelligence* et la *position*, et *nous les garderons*. Le public est un imbécille, et le pouvoir un oiseau de passage qui se laisse prendre à tous nos engins. Le ciel tombe quand nous voulons, et toutes les allouettes sont prises, aussi bien que l'aigle, le vautour et le coq. Rien n'échappe à nos filets, ni la baleine, ni le frétin.

Mon pot aux roses était écrit bien avant l'exposition de 1858, et prévoyait tout ce qui s'y est passé. On aurait dit qu'il avait été fait après et exprès pour elle. C'est une selle à tous chevaux; elle s'appliquera à l'exposition prochaine et aux futures, comme elle s'est appliquée aux précédentes, à moins que M. Vieusseux et son Caïmacan ne cessent de tenir la lumière sous le boisseau, et d'être seuls chargés d'éclairer les tableaux et la scène.

Quant à moi, je ne vais jamais aux expositions pour juger les œuvres exposées. Je pourrais peut-être les juger aussi pertinemment que bien d'autres, mais ce n'est pas mon métier. Je laisse ce soin à de plus compétents que moi. Je me propose seulement d'écouter un peu ce qu'on en dira et *d'apprécier* à mon tour, non les exposants, mais leurs *appréciateurs*. Je ne veux être que le défenseur de l'art contre ceux qui lui feront des outrages. Et maintenant M. *Vieusseux*, M. *Frais-Luquet*, et vous aussi M. du *Flambeau*, vous n'avez qu'à marcher droit et à vous bien tenir; on vous observe et on vous écoute.

Dans les arts comme dans l'industrie, la presse périodique a jusqu'ici joué un vilain rôle; elle semble s'être liguée pour écarteler la justice et la vérité. Dieu merci, désormais, elle n'aura pas seule la parole.

Tout *griset*, fils de *griset*, revenant de Paris, qui a oublié le langage de sa mère, renié son père, dédaigné ou méconnu ses parents et ses amis d'enfance, et qui ne peut pas être présenté dans une société de gens bien élevés parce qu'il est un mal *appris*, ni dans une société de lettrés parce qu'il est un ignorant, prétentieux, ridicule, et qu'il a mangé comme les *incroyables* d'autrefois toutes les consonnes du vocabulaire, est, *ipso facto*, un bon mouton de Panurge et un excellent comparse. Il sera enrôlé et *incorporé* de droit par Mme Vieusseux, dans la compagnie de Babilas, avec son marchand de bois, son épicier du coin, le fils de sa blanchisseuse et monsieur le neveu de son apothicaire. Il sera prôné, patronné, protégé et placé par elle, envers et contre tous, à l'Ecole des beaux-arts, au Conservatoire de musique ou dans les bureaux du Capitole; il sera membre-né de la Société des travailleurs, de Clémence-Izaure, de la Lyre toulousainne, des chœurs du théâtre et de la claque des Romains de la rue Saint-Rome.

O bien heureuse patronne des arts! Immaculée déesse Vieusseux! Ayez donc une niche dans la grande salle du musée, et un cierge toujours allumé en votre honneur, afin que les arts et la postérité vous rendent un immortel hommage!

Lucien Pancroke.

Toulouse, impr. de J.-B. Cazaux, éditeur, petite rue St-Rome, 1.